NOTICE BIOGRAPHIQUE

SUR LE

DOCTEUR PERRY

PAR

CHARLES EDMOND

PARIS
LIBRAIRIE GÉNÉRALE
DÉPOT CENTRAL DES ÉDITEURS
72, BOULEVARD HAUSSMANN ET RUE DU HAVRE

—

1877

NOTICE BIOGRAPHIQUE

SUR LE

DOCTEUR PERRY

PAR

CHARLES EDMOND

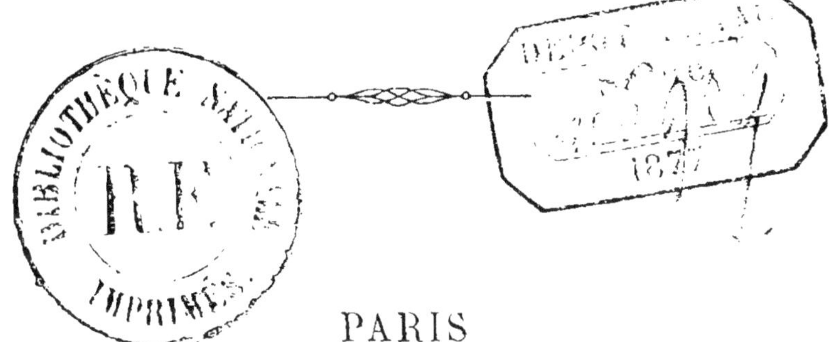

PARIS

LIBRAIRIE GÉNÉRALE

DÉPOT CENTRAL DES ÉDITEURS

72, BOULEVARD HAUSSMANN ET RUE DU HAVRE

1877

Le corps médical de Paris vient de perdre un de ses membres les plus éclairés et les plus dévoués, le Dr J. Perry, dont le nom bien connu restera, parmi les disciples d'Hahnemann, justement entouré d'un triple souvenir d'admiration, d'attachement, de respect.

Le Dr Perry a été enlevé prématurément (il entrait dans sa 65e année) aux siens, à ses amis, à cette carrière que, pendant plus de trente ans, il avait remplie de tant de dévouement, de probité et de labeur. Pour savoir tout ce qu'il a semé de touchante gratitude, c'est parmi la foule modeste des petits travailleurs, des pauvres gens, qu'il faut surtout en cher-

cher la trace; parmi cette classe d'humbles à laquelle, jusqu'à ces dernières années, il avait consacré ses jeudis et ses dimanches, journées écrasantes d'où il revenait, le soir, pas plus riche que le matin, mais payé d'une confiance qui était de la foi, d'une affection vraie et naïve, dont il ne parlait qu'avec attendrissement.

Nos lecteurs nous sauront gré d'évoquer devant eux cette figure attachante, ce type du médecin par excellence, apportant au soulagement des misères humaines, non-seulement sa haute science, la rare finesse d'une intelligence prompte à saisir, à côté des symptômes du mal physique, le mal moral et ses ravages, mais aussi cet amour de l'être souffrant, cette autorité aimable et rassurante qui faisait de lui, pour ses malades, plus qu'un admirable guérisseur, un admirable ami.

Parmi tous les hommages consolants qui montent vers cet absent regretté, pas une voix ne s'est élevée pour réclamer contre une louange si unanime, pas une ombre sur cette sereine mémoire.

Si l'envie a quelquefois côtoyé la vie de cet homme de bien, il l'a condamnée à se ronger elle-même; elle n'eût su par où l'attaquer.

Ses confrères n'oublient pas la cordialité, la courtoise délicatesse qu'il apportait dans ses rapports avec eux, à quelque doctrine qu'ils appartinssent. Ils ont apprécié, comme tous ceux qui l'ont approché, ce caractère généreux et confiant, faisant petit son mérite là où il pouvait humilier quelqu'un, plein d'effusion pour admirer et mettre en lumière le mérite qu'il rencontrait.

Doué d'une grande faconde, d'un esprit fin et séduisant qui savait rendre aimables au besoin les sujets les plus ardus, les enveloppant d'une forme toujours élégante et précise, il projetait, poussé d'ailleurs par ses amis, de traiter en public les questions de médecine, d'hygiène spécialement, sur lesquelles sa pratique avait déjà jeté tant d'utile lumière. Cette hygiène qu'on pourrait ramener à trois points essentiels : sobriété, propreté, exercice, et dont il donnait, le premier, le rigoureux exemple, lui avait toujours paru le grand rouage de la médecine, la grande arme de l'homme contre la maladie, Il s'étonnait de la voir si étrangement ignorée ou si inintelligemment comprise des masses auxquelles il estimait que l'enseigner, la rendre saisissable et impérieuse était les doter d'un bien inappréciable.

Un des grands côtés de cet esprit, anxieux de toute science et de toute vérité, et qui caractérisait sa pratique médicale, c'était la largeur du point de vue, l'éclectisme de la pensée. Toute idée neuve l'attirait, l'attachait, mais il était de ceux qui, loin de fermer la route derrière eux à mesure qu'ils marchent vers une lumière nouvelle, élargissent indéfiniment le milieu dans lequel ils se meuvent, en rattachant les conquêtes passées aux récentes conquêtes.

A l'absolutisme respectable mais aveuglé qui, s'attachant à l'une ou l'autre des deux doctrines médicales, repousse toute concession par l'impitoyable : hors de l'Église point de salut, son bons sens répondait : tout remède est de l'Église qui sauve le patient.

« Dans la nature ingénieuse et féconde, « disait-il, chaque trésor découvert n'est pas le « moule nouveau et plus parfait d'une même « pensée mais l'un des anneaux de cette chaîne « prodigieuse que, lentement, elle déroule entre « nos mains, et réduire ces moyens d'action « inépuisables à une seule formule c'est la « méconnaître et l'amoindrir. »

Le Dr Perry laisse derrière lui, près de la compagne de sa vie et de ses travaux, fille de Biagioli, son fils et sa fille qui, tous deux dans la voie des arts, marchent côte à côte, plus forts de son exemple et de ses enseignements, de la rare affection, partie de son cœur, qui groupait si étroitement les siens autour de lui.

Cette mort inattendue laisse dans bien des existences un vide que nul ne comblera ; bien des souvenirs chargés de larmes s'attachent à la mémoire de cet homme de cœur ; mais, là même où il était un inconnu, l'écho de cette vie simple, vouée silencieusement au bien et à la vérité, éveillera une sympathie ; pas un cœur droit et sincère ne passera devant ce nom d'élite, réfugié sous tant de modestie, sans lui donner une pensée recueillie, un respectueux regret.

CHARLES EDMOND.

Bellevue, 3 mai 1877.

7.1957—Paris. Typ. Morris père et fils, rue Amelot 64.

PARIS. — TYP. MORRIS PÈRE ET FILS, RUE AMELOT, 64.

BIBLIOTHEQUE NATIONALE DE FRANCE
3 7502 00999769 5

www.ingramcontent.com/pod-product-compliance
Ingram Content Group UK Ltd.
Pitfield, Milton Keynes, MK11 3LW, UK
UKHW021039200726
13857UKWH00005B/1820